LA

NOUVELLE-CALÉDONIE DÉVOILÉE

CONSIDÉRATIONS

SUR

LA RÉVOLTE DES NATURELS

ET

L'AVENIR DE LA COLONIE

RÉPONSE A LA PRESSE PARISIENNE

PAR

UN ANCIEN COLON

> Les grandes et riches colonies font la grandeur, la puissance, la richesse des nations qui les possèdent, et assurent leur tranquillité.
>
> ROBERT PEEL.

DÉDIÉ A MM. LES MEMBRES DE LA COMMISSION

DES

HAUTES ÉTUDES & RÉFORMES COLONIALES

Prix : 75 centimes.

PARIS

LIBRAIRIE ANDRÉ SAGNIER.

31, RUE BONAPARTE, 31

1879

LA

NOUVELLE-CALÉDONIE DÉVOILÉE

CONSIDÉRATIONS

SUR

LA RÉVOLTE DES NATURELS

ET

L'AVENIR DE LA COLONIE

RÉPONSE A LA PRESSE PARISIENNE

PAR

UN ANCIEN COLON

Les grandes et riches colonies font la grandeur, la puissance, la richesse des nations qui les possèdent, et assurent leur tranquillité.

ROBERT PEEL.

DÉDIÉ A MM. LES MEMBRES DE LA COMMISSION

DES

HAUTES ÉTUDES & RÉFORMES COLONIALES

Prix : 75 centimes.

PARIS

LIBRAIRIE ANDRÉ SAGNIER,

31, RUE BONAPARTE, 31

1879

AVANT-PROPOS

Cet opuscule n'est point né d'une fantaisie d'esprit, d'une manifestation d'amour-propre; c'est le fruit d'une conviction réfléchie, acquise. Ce n'est point le résultat d'une sympathie banale ou intéressée; c'est le premier à-compte d'une dette d'honneur.

Ce n'est pas un travail passionné ou indifférent; c'est un devoir consciencieux, rempli avec courage, avec zèle :

Devoir du citoyen qui désire fermement voir sa patrie grande, prospère, puissante et heureuse.

Dette contractée au contact de ces laborieux colons, dont j'ai partagé les fatigues et les dangers; de ces hardis pionniers de la civilisation, qui méritent de jouir en paix du bien-être conquis au prix des plus rudes privations, des plus énergiques travaux.

Conviction du réformateur insatiable de progrès, cherchant toujours et partout le vrai, le bien, l'utile.

Oui, je crois fermement que par les colonies peuvent se résoudre les grosses et menaçantes questions sociales qui troublent la mère-patrie en transformation.

Questions sociales qui agitent le monde dans l'attente d'une organisation nouvelle, d'une solution dispensant équitablement à toutes les classes, à toutes les castes, à toutes les races, la justice et les droits naturels dus à tous les humains, de leur naissance à leur mort.

BEN-MILL.

LA

NOUVELLE-CALÉDONIE DÉVOILÉE

CONSIDÉRATIONS

SUR

LA RÉVOLTE DES NATURELS

ET

L'AVENIR DE LA COLONIE

IMPORTANCE DE LA QUESTION COLONIALE

N'ayant pour but que la recherche de la vérité dans cette question trop controversée, j'espère, en appréciant les relations entre les deux races, telles que je les ai vu s'établir; en expliquant les faits tels que je les comprends, redresser les opinions erronées qui se sont produites, venger les infortunés colons des accusations dont ils ont été l'objet depuis quelques mois.

Il est certain que je vais froisser de sincères convictions, troubler d'honorables sentiments, battre en brèche de sérieux principes, considérés jusqu'ici comme immuables.

L'entreprise est difficile.

Mais la question à élucider est si importante, si large, si complexe, que je manquerais à mon devoir d'ancien colon et de Français, si je ne disais hautement tout ce que je sais, tout ce que je sens; si je n'indiquais le seul remède que je crois d'une efficacité certaine.

C'est non-seulement l'existence de nos colonies qui est en jeu, mais, comme conséquence absolue, c'est la grandeur et la prospérité de la France qui est menacée.

Souvenons-nous, il en est temps, de cet incontestable principe économique :

« *Les grandes et riches colonies font la grandeur, la*

puissance, la richesse des nations qui les possèdent, et assurent leur tranquillité. »

Point de commerce sans colonies. C'est par les colonies que s'est élevée la puissance colossale de l'Angleterre.

Donc, au moment où la question sociale et économique se pose avec une irrésistible force,— force communiquée par la conviction universelle qu'une solution ne peut plus être retardée, — la question coloniale, qui est la base de ce redoutable problème, devient alors d'une gravité sans égale.

Il y a, en outre, dans cette question à peine soulevée, le côté fraternel, le côté égalitaire et, par-dessus tout, le côté humanitaire. Elle possède donc en elle-même tout ce qui peut et doit séduire, attacher, passionner un gouvernement républicain, elle doit intéresser tous les cœurs qui possèdent le vrai sens démocratique.

HOSTILITÉ DE LA PRESSE

J'ai été profondément peiné de l'indifférence de l'opinion publique en face du massacre de nos compatriotes en Nouvelle-Calédonie; mais l'hostilité irréfléchie ou calculée de quelques journaux politiques, la froideur de toute la presse parisienne, le *Siècle* excepté, envers les malheureux colons, envers les victimes de ces horribles tueries, m'a douloureusement navré et surexcité.

Dès les premiers mots publiés sur ces affreux événements, en lisant les appréciations malveillantes, les fausses imputations des journaux, je me suis écrié avec indignation :

« Vous vous trompez ou vous nous trompez; vous dénaturez une question fondamentale de prospérité publique, sur laquelle repose la base de l'édifice social que vous vous efforcez de construire en ce moment; pas de démocratie durable et prospère sans colonies, l'histoire de tous les peuples le prouve, et cependant vous tuez les colonies. Imprudents ! »

Opportunisme, nécessité politique, me répondait-on. « Nous ne pouvons laisser s'élever une question incidente et lointaine en face des difficultés métropolitaines. La République est en jeu ici avec toutes ses ramifications immédiates; que peuvent donc peser en face de la grandeur du but que nous visons quelques convulsions de colons inconnus, de libérés indignes de compassion ? » (*Textuel.*)

Ah! oui, voilà le grand mot lâché. Pour vous débarrasser d'une difficulté qui vous trouble, car vous en comprenez l'importance sans oser l'avouer, vous affectez dédaigneusement de ne croire qu'à l'existence des libérés, et vous ne parlez que d'eux pour détourner et fausser l'opinion publique.

POPULATION LIBRE

Vous n'ignorez pas cependant que la Nouvelle-Calédonie compte d'honorables et importants négociants, dont les maisons principales sont à Bordeaux, au Havre, à Marseille.

Pour les besoins de votre thèse, vous feignez d'oublier qu'il y a en outre, soit à Nouméa, soit sur tout le pourtour des côtes, une foule de commerçants, une masse d'industriels, de patrons et d'ouvriers de tous les corps de métiers, des mineurs, des agriculteurs et planteurs intelligents, laborieux, probes, persévérants, énergiques, pleins du plus pur patriotisme, et tous, ou presque tous, propriétaires de maisons achetées ou bâties par eux, et de terrains cultivés souvent à la sueur de leur front. Tous ces honnêtes citoyens surpassent, au moins, de cinq à six fois le chiffre des libérés.

LES LIBÉRÉS

Mais, d'ailleurs, les libérés ayant payé leur dette à la société, rejetés dans la population libre à la fin de leur peine, ont au moins droit à la protection commune, sinon à la considération individuelle. Dès l'instant qu'ils se conduisent bien et vivent de leur travail, ils deviennent une cause productrice et rédiment leurs fautes passées. N'est-ce pas là un noble but et ne devons-nous pas les encourager?

LES DÉPORTÉS

Il y a plus encore, il y a une autre classe d'habitants plus intéressante. Ces derniers n'ont jamais forfait à l'honneur, ils ont été violemment jetés dans ces dangers, contre leur volonté; largement décimés par les massacres, ils se sont vaillamment comportés, ils ont combattu pour défendre leurs persécuteurs attaqués, car ils ont compris qu'il s'agissait avant tout de l'honneur, de l'intérêt de la patrie, et ce sont des patriotes convaincus, ce sont les déportés. Honneur à tous ceux qui ont combattu bravement!

Vous demandez l'amnistie pleine et entière, c'est bien. Mais la vraie justice ne consiste-t-elle plus dans la pitié pour toutes les infortunes? Pourquoi, au lieu de crier dans le désert, ne répondez-vous pas à la demande de secours venue de Nouméa au nom des familles ruinées et décimées? Est-ce que leur cause n'est pas aussi sacrée, aussi digne d'intérêt que celle des victimes de la fièvre jaune à Philadelphie, ou des Hongrois inondés à Szegedin? Ils vous tendent les mains, où sont les souscriptions que vous leur destinez? Et cependant vous donnez généreusement aux étrangers; mais pour vos compatriotes, pour vos amis, rien, rien! Vous vous taisez dédaigneusement quand vous ne les insultez pas. La conduite de la mère-patrie envers tous les colons de la Nouvelle-Calédonie est inhumaine, cruelle même; mais, ce qui est pire encore, elle est on ne peut plus maladroite.

En ce moment de grande gêne commerciale et de transformation économique et sociale, ce n'est pas seulement un crime d'abandonner les colonies à leurs propres forces; c'est une faute qui peut avoir les plus désastreuses conséquences en s'opposant au développement de la démocratie.

RÉACTIONNAIRES ET CLÉRICAUX

En effet, en agissant ainsi, la presse fait le jeu de la réaction, des ultramontains. Par une ruse qui ne fait jamais défaut aux fils de Loyola, tous les scions décavés et les badinguistes ont voulu empêcher, et ont réussi peut-être, à dévoyer l'enquête que ces événements rendent nécessaire. Ils ont de bonnes raisons pour cela, ils craignent la lumière.

Les fonctionnaires et leurs amis appartenant au parti sans nom, ceux qui ont pris position dans la rivalité des anciens gouverneurs, ceux encore qui sont intéressés à conserver ou à étendre l'influence absorbante des fruits secs, ont tous, sans nul doute, aidé cette œuvre ténébreuse. Les ténèbres leur plaisent toujours, et pour cause. La presse s'y est laissé prendre.

FAUSSES RAISONS. — FAUSSE HUMANITÉ

Aussitôt on a réimprimé les éloquentes et sentimentales pages des philosophes sur les hommes de la nature, les immortelles dissertations de J.-J. Rousseau sur ces êtres doux et touchants, sur ces intéressants sauvages si inoffensifs, pleins de dignité naturelle, méritant toute notre sympathie, notre protection tutélaire, notre amitié, etc., etc.

Naïfs thuriféraires, vous invoquez adroitement ces grands principes d'humanité, de fraternité et de solidarité égalitaire qui unissent, qui relient tous les êtres, toutes les races de quelque couleur qu'elles soient; partant de là, vous versez un pleur facile sur « ces faibles et pauvres Canaques martyrisés par les colons, voués à leurs fureurs rapaces, à leurs spéculations tyranniques, enfin, à une cruelle et sûre destruction. » (*Textuel.*)

Mais vous oubliez que les principes généreux et sublimes que vous prêchez ne doivent pas, ne peuvent pas être exclusifs. Au nom de la justice immuable, les blancs, nos nationaux, ne doivent pas plus que les noirs, qui nous sont étrangers, être exclus du bénéfice de ces principes d'humanité. Nos compatriotes, leurs femmes et leurs enfants mutilés ou dévorés par ces brutes féroces ne méritent-ils aucune pitié?

PRINCIPES

Oui, ces principes sont justes; oui, je les approuve, je les prêche, je les soutiens; oui, je les ai toujours aimés et pratiqués. Mais, n'ayant jamais aucun intérêt caché que dissimulent mes paroles ou mes écrits, je ne défends un principe, quel qu'il soit, je ne le pousse à l'absolu, je ne le pratique sans dévier que jusqu'au point précis où il devient un obstacle au vrai progrès, à la saine civilisation, buts suprêmes de tous les esprits intelligents et même de l'instinct des brutes. Je ne puis admettre qu'un principe soit un danger pour l'intérêt et la grandeur de la patrie. Ce serait un faux principe.

En l'état des rivalités sociales actuelles, rivalités que je puis malheureusement ni changer, ni améliorer, les droits des étrangers et surtout la nationalité canaque ne peuvent me faire oublier, à moi, Français, mes compatriotes, mes amis.

Non, je ne dirai jamais : « *Périssent les colonies plutôt qu'un principe*, » si dans l'anéantissement des colonies j'aperçois l'amoindrissement de la métropole.

En face d'une question qui porte dans ses flancs de pareilles conséquences et dont les résultats peuvent décider du plus ou moins d'influence, du plus ou moins de puissance de ma patrie dans le monde, je m'arrête, j'examine et je me demande : Qui sait où la France aurait pu atteindre; qui sait quelle gloire s'est éclipsée, quelle prospérité a été étouffée, quelle richesse, quel bien-être, quelle somme de bonheur ont été perdus à jamais par cet abandon de nos colonies ? L'Angleterre sûrement pourrait répondre.

Ah! pourquoi n'avoir pas un peu fait fléchir le principe en faveur de cette question vitale?

OPPORTUNISME

Alors je me surprends à songer à l'opportunisme comme moyen de dénouer un nœud politique difficile ou dangereux à trancher, et je m'écrie : O grands hommes de 89, cœurs de feu, esprits bouillants, vous nous avez communiqué une parcelle de votre ardeur, de votre générosité! Ames génératives, vous nous avez légué la vie intellectuelle et politique qui nous anime aujourd'hui ; que ne sortez-vous de vos tombes inconnues pour nous indiquer la vraie voie, celle que nous cherchons encore à l'horizon que vous nous avez découvert; celle que vous devez connaître depuis que vous êtes plongés dans l'éternité lumineuse et translucide des siècles!

Ah! si l'opportunisme eût pu prévaloir alors, atténuant la rigueur de vos principes puissants, le résultat n'eût pas été plus désastreux. Là peut-être était l'avenir, la vraie solution du problème social que nous cherchons encore. Qui sait?

A-t-on jamais songé que l'existence prospère des colonies,

que leur développement renferment l'avenir de la France? Voilà ce qu'il convenait d'examiner, voilà ce qu'il fallait voir et peser avant de se lancer dans une polémique au moins intempestive; avant de prendre parti dans une question sans réfléchir à ses conséquences.

La *Marseillaise* n'a traité qu'un côté de la question; champion convaincu de la libre pensée, M. Le Prévost possède cependant par expérience tous les éléments de l'histoire néo-calédonienne.

La *France coloniale*, vaillant organe des libertés de nos colonies, a trop sacrifié la cause des malheureux colons aux nécessités politiques.

La *France* a fait du sentiment sans résultat possible, sans solution pratique.

Le *Siècle* seul a compris la douloureuse, mais inflexible solution de cette atroce guerre : Répression sévère, au nom même de l'humanité et des intérêts français.

Oui, c'est plus qu'un crime de dénaturer, d'étouffer cette question capitale, c'est une faute. Faute commerciale, faute politique, faute sociale aussi, de ne pas encourager, de ne pas soutenir ceux qui non-seulement nous tiennent de très près, mais encore ceux que nos conseils, nos encouragements ont, pour la plupart, jetés sur cette terre lointaine et dans ces aventures douloureuses.

LA PRESSE EN 1871-72.

En effet, il y a à peine sept à huit ans que toute la presse conseillait, préconisait les avantages de l'émigration vers ces régions luxuriantes, sur ce coin de terre si vanté.

Il n'y a pas encore sept ans que des fonds étaient demandés à la sympathie publique pour organiser un départ d'Alsaciens-Lorrains. Un grand nombre de ceux qui sont partis, poussés par les mêmes plumes qui les méconnaissent aujourd'hui, ne sont plus que des cadavres mutilés!

LA PRESSE EN 1878

Que doivent penser les survivants? Comment jugent-ils une pareille injustice quand ils lisent que leurs anciens patrons et protecteurs ne les considèrent plus que comme des libérés indignes de pitié et de secours ? Eux qui usent leur santé, qui jouent leur vie pour la défense des intérêts français, pour l'extension de nos débouchés commerciaux, la prospérité de nos industries diverses, le bien-être des classes laborieuses et le prestige, l'accroissement de notre puissance !

En défendant leurs biens et leur vie, ils font donc patriotiquement les affaires de la mère-patrie. Et voilà comment la patrie les récompense.

COLONS ET INDIGÈNES

Il est faux, absolument faux, que les naturels subissent de mauvais traitements. Les colons sont trop soucieux de leurs intérêts pour maltraiter des hommes dont ils ont besoin pour s'établir dans la *Brousse*. A défaut d'autres motifs, celui-là seul suffirait pour les obliger à ménager ceux dont l'aide leur est nécessaire, indispensable même, en beaucoup de cas. Puis, le Canaque n'est pas en état d'esclavage, il est libre en fait et de par la loi ; pour lui, le travail est tout à fait volontaire, il peut vivre sans cela. On comprendra donc que les colons, loin de le maltraiter, ont pour lui toutes sortes de ménagements, et outre les prix, plus ou moins élevés, payés pour les travaux, ils tâchent de se les concilier par des petits cadeaux, des brimborions divers que ces sauvages sollicitent toujours, d'ailleurs, avec d'obséquieuses instances, gênantes souvent, onéreuses parfois, mais que les colons ne repoussent jamais.

Qu'il y ait eu souvent des tiraillements par suite de malentendus, c'est inévitable ; qu'il y ait eu parfois des plaintes à propos de dégâts faits dans les plantations indigènes par du bétail égaré, c'est vrai ; mais, dans ce cas, c'était toujours de la faute des chefs de tribus, lesquels, pour des motifs faciles à concevoir, refusaient de fournir aux colons un gardien pour le bétail, quoique toujours ce gardien fût payé à prix débattus.

Mais, preuve convaincante de leur mauvaise volonté, il a été constaté souvent que ce refus de garde n'était que calcul de la part des indigènes, un plan, une entente bien caractérisée, pour pouvoir arriver à quelques plaintes, quelques réclamations plausibles contre les colons.

On en a vu, et cela je l'ai constaté moi-même dans ma station, qui, impatients de ce que le bétail tardait trop à piétiner leurs plantations, le poussaient furtivement sur des cultures leur appartenant, afin d'avoir un prétexte de faire grand bruit et de tout refuser à l'avenir aux colons dans l'embarras.

Le bétail était souvent pourchassé, effarouché, égaré, sans motif et parfois méchamment blessé par les Canaques. Voici leur loyauté! Ces faits sont connus.

PARTAGE DES TERRES

Quant à la question du partage des terres, jamais les indigènes n'ont été chassés de leurs tribus, jamais ils n'ont été relégués, ainsi qu'on l'a dit, dans la montagne ou refoulés sur des territoires arides. Je défie qui que ce soit de citer un exemple, un seul, où des naturels auraient été enlevés ou dérangés du centre de leur tribus, sans leur consentement, pour la commodité des colons ou dans un intérêt privé.

Ce que l'on appelle « le cantonnement, » dont on a fait grand bruit, ce n'est nullement un déplacement; c'est, au contraire, le groupement, la concentration des indigènes. C'est le bornage d'une certaine étendue de terrain à eux concédée en leur en garantissant la propriété *exclusive.* Ce groupement a toujours lieu autour du centre des tribus, autour des habitations des naturels, dans les localités qu'ils occupent habituellement.

Toujours on tient compte de leurs désirs, de leurs habitudes, de leurs mœurs, des exigences et des commodités de leur existence ; enfin, de leurs justes besoins.

Suivant le chiffre de la population, on alloue toujours pour la culture au moins trois fois plus de terrain qu'il ne serait nécessaire pour faire vivre la tribu.

On leur tient compte même de leur habitude de ne cultiver le même point que tous les cinq ou six ans, quoique trois ou quatre ans peuvent suffire amplement pour conserver à la terre, privée d'engrais, toute sa fécondité.

Mais, garantie plus grande encore, chaque fois qu'un colon désire s'établir sur tel ou tel point, il ne peut obtenir sa concession du bureau des domaines qu'en justifiant du consentement de la tribu à laquelle appartient le terrain qu'il a choisi. Ainsi, un contrat de vente est toujours passé préalablement avec le chef de tribu, assisté de quatre notables indigènes et d'un interprète, le tout certifié par les signatures de deux témoins blancs.

L'administration n'accorde les permis d'occupation que sur le vu de ce contrat, dont elle garde un double.

On voit donc que cette accusation de spoliation des terrains tombe d'elle-même en face de cette garantie.

En fait comme en loi, la propriété a toujours été reconnue de droit aux indigènes ; la preuve, c'est que, dans beaucoup de localités fertiles, admirablement situées pour y établir des stations européennes, il n'y a pas de colons, les naturels qui y vivent n'ayant jamais voulu en céder la plus petite parcelle. Est-ce clair?

Je dois cependant, afin de ne rien dissimuler, avouer que ce cantonnement, quelque motivé et raisonnable qu'il soit, a fortement contrarié une des séculaires habitudes des naturels : la liberté d'allures. En voici la raison.

Le Néo-Calédonien aime à errer de ci de là, sans but, au hasard de ses caprices : du rivage à la montagne, de vallées en vallées, çà et là, comme le papillon vole. Butinant sa nourriture en jouant, se baignant, s'exerçant au maniement de la sagaie ou de la fronde, chantant, fumant, courant, se reposant à l'ombre et rentrant le soir satisfait et heureux dans son insouciance, pour recommencer le lendemain. C'est là sa vie. Mais, depuis l'établissement des stations européennes, il rencontre souvent, soit une barrière de paddock, soit un champ cultivé et planté, qu'il lui est interdit de traverser. N'étant pas habitué à la contrainte, ni à aucun ménagement, ces obstacles le gênent fort.

Le plus grave, c'est qu'il a dû modifier aussi ses habitudes de culture vagabonde. Autrefois, il plantait de ci, de là, dans la plaine, sur la montagne ou à mi-côte; ici, large comme un drap; là-bas, cinq à six mètres de long sur deux de large; espaçant ces cultures minuscules et fantaisistes de plusieurs kilomètres, sans esprit de suite, sans méthode, sans motif, par pur caprice; détruisant les chemins, obstruant les passages habituels, barrant, détournant les ruisseaux, creusant des trous, traçant de longs fossés, construisant des digues pour retenir les eaux, et, par suite, occasionnant des marais et des ornières permanentes.

Le Canaque change l'emplacement de ses cultures et les bouleversements du sol, chaque année, chaque saison, sans jamais rien remettre en état, sans jamais rien niveler, laissant toutes fouilles béantes ; gênant partout la circulation, même à pied, créant ainsi la plus grande difficulté pour la colonisation, il trouble l'exploitation des stations agricoles. La circulation du bétail devient difficile, dangereuse, et les accidents sont fréquents, même pour les personnes.

On comprend dès lors que le cantonnement a eu principalement pour but d'empêcher ce gaspillage, cette dévastation du sol.

Toutes les tribus, après les opérations du bornage qu'on leur a fait suivre assidûment et que l'on a placées sous l'autorité et la sauvegarde des chefs, ont dû s'astreindre à cultiver dans les limites qui leur ont été assignées, marquées et protégées par les tabous des chefs.

Cette opération nécessaire, on ne peut le nier, les a mécontentés, c'est vrai, mais au début seulement ; puis, lorsqu'ils ont compris que l'étendue des terres qui leur était allouée était plus que suffisante pour satisfaire toutes leurs habitudes de culture fantaisiste ils se sont apaisés.

Ce n'est donc pas là la cause du soulèvement.

LA QUESTION DES POPINÉES

Le reproche le plus grave fait aux colons : Le rapt des Popinées, n'est pas plus sérieux que les deux premiers.

D'abord il est profondément ridicule de croire à la dignité de ce peuple. Qu'il ait une fierté féroce et bestiale comme celle d'Ataï, par exemple, fierté de tigre, oui, ce n'est que trop vrai ; mais nulle trace de cette dignité ferme et sentimentale de l'homme de cœur qui comprend sa valeur et ses droits, n'apparaît en eux.

Tous ceux qui connaissent ces peuplades, qui ont vécu au

milieu d'elles, savent que les Canaques, hommes, femmes et enfants, sans aucune exception, sont bassement obséquieux, mendiants, rapaces, subtilement et adroitement fourbes et rusés, curieux et malfaisants comme des enfants pervers, méfiants comme tous les ignorants peu scrupuleux.

La froideur que quelques-uns des plus intelligents montrent d'abord, le dédain qu'ils affectent n'est qu'un masque, qu'un moyen qui leur sert à mieux surprendre, mieux examiner, mieux comprendre ce qu'ils désirent savoir ou connaître.

LA FAMILLE

Le sentiment de la famille n'est chez eux que peu ou point développé, on peut même dire qu'il n'existe pas; dans tous les cas, il n'est pas apparent. Les enfants mâles vivent à peu près à leur guise; ils sont soustraits à la garde et à l'influence de la mère dès qu'ils peuvent se passer de ses soins.

Les Canaques ne tiennent à leurs femmes que pour ce qu'elles leur rapportent; elles travaillent comme des esclaves. La polygamie, qui est pour les hommes un moyen de richesse, marque aussi le degré d'importance et d'influence qu'ils ont dans leur tribu.

Les chefs ont toujours plusieurs femmes.

Jamais les hommes n'admettent les femmes sur le pied de l'égalité, pas même les leurs; elles vivent à part et sont considérées par les mâles, même par leurs fils, comme des êtres inférieurs. En face des chefs, de quelques notables ou de personnages taboués, les femmes se prosternent, se cachent en se jetant à plat ventre dans l'herbe ou derrière quelques touffes d'arbustes; elles ne peuvent les rencontrer que littéralement courbées jusqu'à terre.

Les femmes sont très bien livrées, quoi qu'on en dise, à qui veut les payer lorsqu'elles abondent; les chefs, les maris, les pères de certaines Popinées en tirent un produit régulier et permanent, ou bien les cèdent pour résider à demeure sur les stations européennes. Les Canaques ne se fâchent que lorsque les Popinéees, qui ordinairement préfèrent les blancs, se donnent gratuitement, ou lorsque l'interprète canaque, qui toujours traite ces sortes de trafics, détourne à son profit une trop grosse part du prix.

Mais, le plus souvent, les difficultés naissent lorsque le chef, qui dans toutes les transactions exploite autoritairement les Tayos, ne trouve pas sa part assez forte. Voilà leur dignité.

LES RAPTS

Les rapts dont on a fait grand bruit n'ont jamais été perpétrés. A peine compte-t-on trois ou quatre cohabitations gratuites, volontaires de la part des Popinées, lesquelles, comme celle du libéré Chène, ont pu donner naissance à quelques difficultés. Mais, chaque fois que les intéressés ont porté plainte, l'administration a toujours provoqué l'action de la justice : on se souvient encore, à Nouméa, de la condamnation de Franck à trois mois de prison, ainsi que de quelques autres interventions du même genre.

On voit donc que cette question des femmes n'est pas aussi noire qu'on a voulu la faire. Toutes les Popinées qui vivent avec les colons ont été bel et bien cédées amicalement et pécuniairement par les Canaques; elles sont très satisfaites de leur sort, sûres qu'elles sont de n'être ni battues, comme cela leur arrive souvent, ni tuées, comme cela arrive parfois chez les Canaques.

LES MÉTIS

Les enfants sont toujours élevés à l'européenne par leur père, dont ils portent légalement le nom et parlent la langue.

Dans vingt ans, tous ces métis formeront une bien belle et bien intelligente population, avenir de la colonie.

Beaucoup sont déjà riches du chef de leur père, d'autres le seront certainement; ils se croiseront, s'identifiant, par les mariages, avec la population blanche pure. On compte déjà un officier du commissariat de la marine marié légitimement avec une métis, fille d'un colon anglais et d'une femme canaque. Mlle Paddon se nomme, depuis trois ans déjà, Mme Boché.

Ces mariages assurent le développement de la colonie. Il est d'une bonne politique de les encourager.

COHABITATIONS

D'ailleurs, presque tous les célibataires : officiers ou employés de l'administration coloniale, colons, déportés libres et libérés, ont des femmes canaques pour concubines ; mais la plupart d'entre elles sont originaires des îles Loyalty ou de tribus éloignées de celles qu'elles habitent. Généralement elles sont fournies par les tribus des districts de Canala, de Houaïlou ou de Hienguène, toutes tribus fidèles et tranquilles. Donc cette situation que l'on a grossie et noircie outre mesure, et sans doute à dessein, n'a donc jamais pu être une cause de soulèvement, puisqu'elle n'existe pas dans les tribus et les districts où a éclaté l'insurrection. La preuve que ce n'est pas là qu'il faut chercher la cause du soulèvement, c'est que cette situation est encore tolérée.

En effet, je viens de recevoir, par une lettre de Nouméa en date du mois d'octobre, la nouvelle que toutes les Popinées faites prisonnières par nos troupes, étant abandonnées aux naturels des tribus auxiliaires, quelques-unes sont par eux cédées à qui veut les recevoir.

Ces trafics de Popinées, lesquels vus d'ici nous semblent monstrueux, n'ont cependant rien de bien immoral examinés au point de vue purement colonial. Ces malheureuses, pour ainsi dire esclaves du Canaque auquel elles échoient et qui, selon leurs mœurs, a droit de vie et de mort sur ces pauvres créatures, aspirent à le quitter aussitôt que possible, et sollicitent même les colons pour être achetées.

Du reste, avant de se récrier en se voilant la face, on aurait dû songer que ces ménages, quelque irréguliers qu'ils soient, ont au moins un grand mérite sur ceux tout aussi irréguliers de France : c'est qu'ils sont utiles, moins nombreux, moins hypocrites et surtout nécessaires. Ils ne portent atteinte aux droits de personne, l'isolement les impose, l'avenir de la colonie les justifie.

Après avoir étudié tous les usages, examiné toutes les phases de la colonisation, nous n'avons pu trouver, on le voit, des causes assez sérieuses, assez fortes, assez déterminantes, pour forcer ainsi les indigènes à se révolter.

ENQUÊTE

Il n'y a eu, c'est avéré, que des contrariétés diverses, des difficultés peu importantes, des tiraillements passagers, des froissements de races et de mœurs inévitables, mais qui, cependant, il faut bien le reconnaître, sont toujours poignants et douloureux dans le cœur des vaincus et deviennent de plus en plus vivaces, malgré les palliatifs cherchés et essayés.

Mais, pour que des faits relativement minimes fassent naître une pareille haine et inspirent de si atroces massacres, il a fallu la goutte d'eau, la petite goutte d'eau qui fait déborder le vase peu à peu rempli.

Quelle est-elle cette goutte d'eau? L'enquête la découvrira, je l'espère, en mettant à nu les responsabilités.

Oui, une enquête est nécessaire, mais il faut qu'elle soit sérieuse, impartiale, minutieuse, sévère et surtout publique.

Il faut qu'elle soit faite sur les lieux, par des personnages désintéressés dans la question, n'ayant aucune attache soit avec l'administration, soit avec le clergé, soit avec la colonisation. Une Commission parlementaire, par exemple, ayant tout pouvoir, fouillant partout, s'éclairant de tous les documents utiles, provoquant toutes les dépositions des témoins, sans aucunes restrictions, remplirait le but, j'en suis convaincu, ferait jaillir la vérité et vengerait les colons de toutes les calomnies dont on avive encore les blessures qu'ils viennent de subir. Mais alors, qu'il soit bien entendu d'avance que chacun aura à supporter le poids de ses fautes, aura à subir les conséquences de la responsabilité qui lui incombe, quel qu'il soit. Cette enquête porterait aussi sur tout le système colonial de toutes nos possessions d'outre-mer, et aurait pour but sa réorganisation sur de nouvelles bases.

L'enquête aurait encore pour mission de rechercher les meilleurs moyens de développer le commerce de la colonie, d'étudier une réorganisation des lignes postales au point de vue du transit et de la correspondance à Nouméa, des lignes de San Francisco, d'Australie, des Fidji et de la Nouvelle-Zélande, projet grandiose qui apporterait la richesse dans Nouméa, créerait de nouveaux débouchés et faciliterait les exploitations de nos mines si riches, si pleines d'avenir, point de départ de toutes les industries. Elle devrait aussi régler la question des indemnités à accorder en réparation de tant de ruines, de tant de misères.

Que l'enquête soit faite dans ce triple but et alors, j'en

suis certain, non-seulement la Nouvelle-Calédonie, mais encore toutes nos colonies, qui végètent et périclitent, seront sauvées. A l'œuvre donc dans l'intérêt de la patrie !

FATALES CAUSES DU SOULÈVEMENT

La vraie cause de l'insurrection, la seule pour ainsi dire, est toute morale ; elle vient de ce sentiment inné dans le cœur de tous les êtres, d'être maître chez soi.

Elle est née de ce sentiment d'amour-propre intime, d'envie naturelle des esprits inférieurs, de jalousie nationale qui froissent la fierté légitime de tous les possesseurs primitifs et primordiaux d'un pays, forcés, après la conquête, de subordonner leurs volontés à celles des vainqueurs.

La cause fatale du soulèvement gît dans les difficultés, la gêne, les rivalités de tous genres que les populations sauvages subissent nécessairement en face des Européens.

Ces peuplades, qui jusqu'alors ont vécu sans contrainte au gré de leurs caprices, se voyant tout à coup obligées de modifier ou abandonner leurs mœurs, leurs coutumes, leurs lois absolutistes et inhumaines, mais qui conviennent à leur nature ; de renoncer totalement à leurs chères habitudes d'anthropophagie, ne peuvent, on le conçoit, se soumettre instantanément et sans résistances.

On a cru d'abord à leur impuissance, plus tard à leur résignation, et, l'insouciance aidant, on a pensé que leur soumission n'avait pas d'arrière-pensée ; delà à la confiance absolue il n'y avait qu'un pas, il a été franchi ; les colons ont abandonné toute surveillance et en sont arrivés même à une espèce d'intimité. Le réveil a été cruel et désastreux.

Espérons que l'exemple profitera à la colonisation. Le Canaque est barbare et sauvage ; quoi qu'on fasse, il restera sauvage. C'est prouvé. Les chefs surtout, voyant peu à peu disparaître leur prestige, leur pouvoir, n'accepteront jamais notre domination. Elle les annihile, les ruine, eux les grands chefs autoritaires, jusqu'alors indiscutés et absolus. Ils ne s'assimileront jamais !

Oui, l'insurrection a eu les mêmes causes qui ont obligé tous les peuples envahis à se révolter contre leurs envahisseurs. Causes toutes morales. Les absurdes accusations que l'on s'est efforcé de lancer contre les pauvres et malheureux colons, victimes de leur trop de confiance, ne sont que calomnies, niaiseries et mauvaises querelles, cherchées pour dissimuler les responsabilités évidentes de certaines personnalités bien connues ; une enquête impartiale saurait bien éclairer ces ténèbres.

Oui, ce n'est qu'une cause de droit primordial, de justice primitive et naturelle, au-dessus de toutes les fictions des transactions humaines. C'est en vertu de ce grand et immuable principe, traduit par cet énergique dicton populaire : *Charbonnier est maître chez lui!* que les Canaques se sont révoltés. Voilà la vraie, la seule cause ; elle était fatale. Nous n'avons eu qu'un tort : ne pas la prévoir. Nous ne méritons qu'un reproche : sentinelles avancées, nous nous sommes endormis !

ANTAGONISME DES RACES

Mais alors, il faut bien le dire, si ce principe du charbonnier maître chez lui est admis d'une façon absolue, sans altération, sans considération, sans atténuation en faveur de n'importe quelles nécessités de la vie moderne, des besoins de la civilisation, des lois de l'humanité, du progrès et de l'intérêt social, que devient l'avenir du monde ?

Que devient la loi de perfectibilité universelle, cette sublime aspiration de tout ce qui se meut et vit, cette sélection intellectuelle qui, depuis que le germe vivificateur est sorti du chaos, a émergé de la matière inerte et informe pour former l'échelle des êtres dans l'univers ?

Pendant cette course à la vie, tout dans la nature tend naturellement, fatalement, sans aucune espèce d'arrêt, à se transformer, à se modifier, à perfectionner êtres et choses ; à détruire ce qui est, pour édifier ce qui doit être : d'un Canaque sauvage à faire un homme civilisé.

La question coloniale, laquelle n'a été traitée jusqu'à présent que dans un intérêt de personnes ou de parti, est plus importante, plus complexe, plus immense qu'on ne le croit ou qu'on veut le laisser paraître. En ce temps de transformation sociale, je défie le plus fervent des négrophiles de soutenir sérieusement que le progrès, que la science, que l'industrie, que le commerce, bases de nos sociétés modernes, doivent s'abstenir devant les nationalités canaques et nègres; s'abstenir et reculer en face de l'ignorance, l'abrutissement et le fanatisme de quelques naturels féroces, rebelles à la civilisation, hostiles au progrès.

PAUPÉRISME. — ÉCONOMIE POLITIQUE

Si le paupérisme toujours grandissant des nations européennes; si l'accroissement toujours plus intéressant, mais toujours plus impérieux de nos classes ouvrières; si l'abaissement toujours plus général des salaires par le renchérissement toujours plus accentué des nécessités de la vie, créent la question sociale; si toutes ces causes forcent les gouvernements à chercher à bref délai le placement productif de tous les bras disponibles, l'utilisation de toutes les aptitudes; les obligent à créer de nouveaux débouchés, à accroître la production, à favoriser le commerce et les échanges qui sont la vie des nations; en un mot, à chercher le bien-être pour tous, comment résoudra-t-on tous ces problèmes qui se dressent menaçants, sans l'extension et le développement des colonies ?

Voilà la soupape naturelle des difficultés que crée l'agglomération de toutes les questions sociales non encore résolues, dont la gravité se fait vivement sentir et commence à inquiéter.

Mais si l'on reconnaît l'utilité, l'efficacité des colonies pour résoudre ces questions vitales dont le dénoument nous presse, comment peut-on, en les utilisant, éviter de violer la propriété de ces inoffensifs et intéressants sauvages qui nous assassinent traîtreusement et refusent toute conciliation ?

Allons, philanthropes, de deux maux sachons résolûment accepter le moindre, et, je vous l'assure, si vous voulez bien considérer la question des races au point de vue utile à l'humanité, vous reconnaîtrez bien vite qu'aucune loi ne serait violée, aucun intérêt lésé par la possession des colonies, appropriées aux besoins du monde civilisé et producteur; que ce serait, au contraire, le bonheur de tous, surtout des indigènes, qui en découlerait. Ainsi se résoudrait la grosse question du paupérisme qui nous bouleverse et menace de tout anéantir.

Imitons l'exemple de l'Angleterre dans son œuvre coloniale. Il est temps de prendre un parti et de le suivre résolûment. Songeons-y. Examinons donc les moyens de restaurer la colonisation, d'empêcher le retour périodique des soulèvements et des massacres.

D'abord, toutes les dissertations sur les systèmes plus ou moins efficaces pour arriver à une rapide assimilation des indigènes, toutes les tentatives, plus ou moins ingénieuses, propres à nous concilier les diverses peuplades canaques, toutes les recommandations sur l'utilité de montrer aux chefs de tribus, et surtout de districts, considération et estime; enfin, tous ces projets, plus ou moins pratiques, agités, préconisés depuis peu par la presse, sont oiseux, puérils et même dangereux, s'ils ont pour effet de ralentir ou d'entraver la poursuite des révoltés. Oui, ils sont dangereux, cruels même, au moment où tant de victimes sont encore palpitantes, où tant de nos compatriotes sont encore menacés de tomber sous les coups de ces brutes féroces.

RÉPRESSION

Les massacres perpétrés si déloyalement se poursuivent avec tant de raffinement de cruauté et une sauvagerie telle, que nous ne pouvons penser qu'à une répression prompte, énergique; tout arrêt, toute mollesse pourraient entraîner des malheurs encore plus épouvantables : les femmes violées, les enfants martyrisés, tant de malheureux mutilés ou mangés, exigent une punition sévère et nous interdisent toute pitié.

Ramenons d'abord la sécurité, la tranquillité dans l'œuvre colonisatrice, et alors, mais seulement alors, nous pourrons songer à pardonner à ceux qui, malgré tous nos efforts, n'ont pas su comprendre que nous leur apportions l'émancipation et le bien-être.

Du reste, il faut bien qu'on le sache, nulles tentatives, quelles qu'elles soient, ne pourraient avoir un résultat utile, ne pourraient aboutir; les naturels ne s'y prêteraient pas, il serait tout à fait impossible d'entrer en pourparlers avec eux; dans tous les cas, il serait peu prudent de se fier à leur bonne foi.

Les parlementaires risqueraient leur vie; je suis persuadé qu'aucun des chefs qui combattent avec nous comme auxiliaires ne voudrait se hasarder à entrer dans leurs lignes. Si la députation se présentait, appuyée par une force suffisante pour assurer sa sécurité, aucun des chefs révoltés ne se ferait voir : ces peuplades brutales n'ont pas le sentiment de la loyauté en état de guerre; tout est ruse et astuce dans leur caractère. Il ne faut donc pas songer aux pourparlers; les réduire par la force est une nécessité pénible, mais absolue.

Si nous leur faisions proposer la paix, ils croiraient que nous sommes les plus faibles, que nous avons peur, et nous tendraient un piége. Tout au plus, peut-on essayer d'agir sur les prisonniers en en renvoyant ensuite quelques-uns vers les révoltés pour les engager à se rendre. Mais, en cas de refus, il faut en finir sans pitié, énergiquement. Il faut les réduire par épuisement, par l'extinction des chefs les plus entreprenants, jusqu'à ce qu'ils implorent notre merci; il faut absolument leur prouver que nous sommes leurs maîtres, il faut qu'ils soient bien convaincus de leur impuissance et de leur infériorité.

C'est le seul moyen de mâter les mécontents, de pacifier ce peuple pour en obtenir la tranquillité et la sécurité si nécessaires à tous. Il faut leur en imposer pour en avoir raison, façonnés qu'ils sont à l'asservissement par le despotisme séculaire de leurs chefs.

Nous pourrons alors parler de clémence et de pardon, lorsqu'ils se seront rendus et soumis à merci.

Et que l'on ne s'y trompe pas, c'est encore là le moyen le plus humain, c'est le seul qui permettra de terminer cette cruelle et désastreuse guerre de race, de ne pas éterniser ces tueries partielles et intermittentes qui anéantiraient toute idée de colonisation.

LA « FRANCE » ET LE « SIÈCLE »

Cette nécessité d'une répression énergique et sévère commence à être comprise par la presse sérieuse, après un examen plus approfondi de la question, mal comprise d'abord.

Ainsi, la *France*, par la plume de M. Ch. Laurent, n'est plus autant l'adversaire de cette solution, les derniers articles le prouvent.

Le *Siècle*, dans son numéro du 25 décembre, dont voici un résumé, développe la même idée et insiste fortement :

« Les causes de l'insurrection qui désole la Nouvelle-Calédonie ont été diversement appréciées jusqu'ici, et l'on n'est pas encore d'accord sur les motifs qui ont déterminé la prise d'armes des indigènes ; mais la conduite des déportés, dans ces pénibles circonstances, a été excellente, et l'on reconnaît combien était peu fondée l'accusation dirigée contre eux, et qui les représentait comme ayant contribué au soulèvement en enlevant les femmes des indigènes à leurs tribus... Les Canaques avaient juré la mort des blancs. Cette extermination était préméditée et organisée avec une suite, une persistance que démontrent tous les faits qui ont précédé ou accompagné les massacres.

« Ils se sont mis hors la loi, et les principes d'humanité doivent, pour un temps, céder la place à la plus énergique répression, si l'on veut que la Nouvelle-Calédonie se relève de ce désastre.

« Les tribus révoltées doivent disparaître, et les autres doivent être tenues en état de suspicion permanente.

« Il n'y a pas de tribus amies, les découvertes faites chez celles prétendues telles ne laissent aucun doute à cet égard ; il est acquis qu'un soulèvement général était prémédité pour la fin de juillet ; il n'a échoué que par la trop grande hâte des tribus de Dogny et de Bouloupari devançant les tribus de la côte Est, etc., etc... »

APRÈS LA RÉPRESSION

Donc, on le voit, pas de doute sur ce point, la répression énergique est nécessaire. Mais les révoltés réduits, que reste-t-il à faire ? Comment prévenir le retour de ces horreurs ? Comment, à l'avenir, protéger les colons disséminés forcément et développer leur œuvre ?

Quelques journaux ont demandé l'internement, le refoulement des tribus indigènes dans une partie de l'île, afin de laisser la colonisation entièrement maîtresse sur l'autre partie, protégée contre les attaques par un cordon militaire.

Cette mesure n'est pas praticable, car on aurait à grouper alors de 35 à 40 mille naturels, ce qui nécessiterait au moins la moitié de l'île entièrement perdue pour les colons.

Cette mesure troublerait aussi beaucoup de positions acquises et déplacerait tous les propriétaires disséminés çà et là dans l'intérieur ou sur les côtes; on serait obligé de les faire rentrer dans la zone européenne. Tous leurs efforts, depuis des années de travail, seraient perdus; les mines mêmes, ce précieux avenir du pays, qui abondent vers le Nord, devraient être abandonnées.

Cette mesure aurait encore le regrettable inconvénient d'empêcher toute possibilité d'assimilation future par le défaut de relations entre les races ; elle priverait même la colonisation de l'aide, des travaux des naturels, lesquels sont un secours réel et un moyen de production assez sensible qui ne peut être dédaigné.

A tous ces points de vue, l'internement, fût-il praticable, ne serait pas judicieux.

MOYEN PRATIQUE

Le seul moyen, selon moi, fertile en bons résultats durables et immédiats, moyen qui rendrait impossibles tous soulèvements à venir, qui ne dérangerait personne et même ne mécontenterait pas les indigènes, point extrêmement important; qui laisserait à la colonisation toutes ses positions acquises, toute sa force, toutes ses ressources et, première garantie, enlèverait les Canaques à la tyrannie de leurs chefs qu'ils subissent fatalement, tyrannie toujours dirigée contre nous ; ce moyen, dis-je, serait :

1° De transporter à Tahïti, ou ailleurs, tous les chefs de l'insurrection et tous les Canaques les plus turbulents des tribus révoltées. Une centaine au plus suffirait; cette simple élimination des éléments de discorde enlèverait aux tribus toutes leurs idées d'hostilité contre notre domination et nos établissements.

Cet exil infligé au grand chef *Bouaratte*, très hostile il y a quelques années, a eu un très bon résultat; pendant son absence, toutes les tribus de Hienguène et des environs qui lui obéissaient ont été très paisibles; lui-même, après cinq années d'internement, est revenu parfaitement mâté, on peut dire même soumis.

Cambo, le grand chef de Nécoué, de turbulent qu'il avait toujours été, est revenu soumis après neuf mois d'internement à l'île des Pins; il avait demandé grâce. Voilà des exemples à suivre.

2° Pour tous les autres révoltés, on les grouperait par tribus, dans un ou plusieurs coins de l'île faciles à surveiller, sur des territoires séparés en petits groupes, assez éloignés les uns des autres pour qu'ils ne puissent jamais se rassembler en grand nombre; on donnerait à chaque groupe des chefs qui, quoique pris parmi eux afin de leur donner confiance, offriraient cependant le plus de garanties possibles de tranquillité.

On devra surtout leur interdire sévèrement toute espèce de communication avec les autres tribus; ayant soin que les terres à eux concédées puissent amplement suffire à leur alimentation.

3° Quant à toutes les tribus qui n'ont pas pris part à la révolte, rien ne devra être changé à leur existence ni à leur résidence actuelle, quoique, comme le dit très bien le *Siècle*, on ne puisse croire à leur amitié; mais il faut absolument leur prouver que nous ne voulons pas, que nous n'avons jamais voulu commettre la moindre injustice envers eux.

4° Il faudra bien se garder de récompenser les tribus qui ont été nos auxiliaires dans la répression de la révolte, soit par une cession des terres appartenant aux révoltés, soit de toute autre façon. Le caractère de ce peuple est tel qu'il faut absolument lui en imposer par la dignité d'une conduite ferme, rigide même, mais très juste; il a toujours été façonné à l'asservissement et à l'obéissance passive et abjecte, il ne faut jamais lui montrer l'ombre d'une faiblesse ou d'une générosité pusillanime.

Prodiguons-leur les éloges et les compliments, vantons leur fidélité et leur probité, citons-les hautement pour leur vaillance et leur supériorité sur toutes les tribus révoltées; qu'un ordre du jour publié dans la colonie leur soit consacré; confions même à leurs chefs un étendard aux couleurs nationales, délivré avec solennité aux tribus assemblées, avec droit de le déployer dans les fêtes et les pilous-pilous. Voilà ce qui leur fera plaisir et sera beaucoup mieux apprécié et goûté par eux qu'une récompense effective quelconque. Pour les conduire, il faut du prestige.

LE KÉPI D'ATAÏ

On rapporte que M. de Pritzbuer, dans une de ses visites à Ourail, convoqua tous les chefs de tribus; Ataï se présenta fièrement couvert de son képi. Le gouverneur lui en fit l'observation, il répondit avec arrogance : *Quand tu auras quitté le tien, je quitterai le mien.*

Eh bien! je suis convaincu que si la réponse d'Ataï à M. de Pritzbuer est telle qu'on la rapporte, cette insurrection n'eût pas eu lieu si, en réponse à l'insolence d'Ataï, le gouverneur eût, d'un revers de sa canne, abattu le képi du chef canaque, l'eût foulé aux pieds, puis eût immédiatement fait saisir et mettre aux fers cet insolent sauvage et l'eût ainsi laissé exposé, pendant trois jours, à la vue de toute sa tribu.

En outre, le fait et la punition infligée eussent dû être publiés officiellement dans toutes les tribus de l'île.

Ataï lui-même se fût incliné devant la justice du gouverneur, et cet acte de fermeté, lui prouvant son impuissance, eût pu le réduire à la soumission. Dans tous les cas, tous les naturels eussent été frappés et très fortement impressionnés par cet acte de vigueur, tous l'eussent approuvé, et l'on en conviendra, l'approbation admirative amène toujours la soumission respectueuse. La connaissance du caractère de ces peuplades ne laisse aucun doute à cet égard; l'on peut donc en déduire qu'après ce traitement viril, jamais Ataï n'eût pu comploter le soulèvement, il n'y eût même jamais songé; son prestige eût été à tout jamais détruit. L'impunité qu'il a rencontrée lui a seule donné l'autorité nécessaire pour entraîner les tribus dans le mouvement.

TERRITOIRES CONQUIS

Après l'installation des tribus révoltées, on devra immédiatement prendre des dispositions pour que tous les territoires restés libres soient acquis à la colonisation.

On fera bien comprendre à tous les indigènes qu'à l'avenir ils ne pourront plus étendre leurs cultures hors des limites qui sont assignées à chaque tribu.

On profitera de cette nouvelle recommandation pour provoquer leurs réclamations sur l'étendue, la position et la fertilité des terres qui leur ont été attribuées.

On fera droit à leurs nouvelles demandes, si elles sont reconnues justes et nécessaires.

On procédera à une nouvelle délimitation quand des erreurs se seront glissées dans le premier cantonnement, pour bien leur prouver que la justice et le droit président à tous nos actes ; mais, en même temps, on leur fera bien comprendre que tous changements de limites, que tout empiétement sur des terrains autres que ceux qui leur sont alloués, seraient très sévèrement punis.

OISIVETÉ

Un point très important pour la tranquillité future de la colonie et son développement commercial et industriel, c'est qu'on ne permette plus aux naturels de vivre dans leur état habituel d'oisiveté bestiale. Cette vie d'insouciance et de barbarie les livre infailliblement à la merci des excitations tentatrices et malfaisantes de quelques chefs turbulents ; c'est une barrière infranchissable à leur assimilation ainsi qu'à l'œuvre colonisatrice.

Le pays tout entier ne possède encore que cinquante à soixante kilomètres de bonnes routes, alors qu'il en faudrait de trois à quatre cents au moins, pour *commencer* à faciliter un peu les relations nécessaires au développement de la colonisation ; pour permettre l'échange par terre des denrées et marchandises entre les divers centres de population et les stations agricoles et commerciales de la côte et de l'intérieur.

PRESTATIONS ET ROUTES

Depuis vingt-cinq ans que le drapeau français flotte sur cette terre si pleine d'avenir, ces conditions de viabilité devraient être dépassées, si l'on avait su utiliser la main-d'œuvre disponible.

Qui donc oserait se plaindre ou crier à l'arbitraire, si chaque tribu était astreinte à fournir, dans le périmètre de son district, selon son importance et le chiffre de sa population, un certain nombre de travailleurs pour aider, sous la conduite des agents des ponts et chaussées, à tracer, à construire des routes, des ponts et tous les travaux de grande et petite communication, de viabilité générale et vicinale, qui font absolument défaut? Ils seraient rétribués, bien entendu. Ce contingent précieux de travailleurs indigènes que l'on demanderait aux habitants du sol, lesquels profiteraient également de l'amélioration apportée ainsi dans les relations, serait-il taxé de réquisition vexatoire et arbitraire, comme on l'a dit pour les quelques Canaques, canotiers au service du port et de la marine ou employés à l'arsenal?

Ce n'est qu'en employant les bras des indigènes que l'actif et intelligent chef du service télégraphique a pu, en moins d'un an, entourer l'île d'un admirable réseau. Que de bonnes routes complètent donc son œuvre.

Avant d'élever la voix acerbe de la critique, a-t-on songé que tout service d'utilité générale est nécessaire, est légal?

Les prestations en nature que la mère-patrie impose à tous les citoyens sont-elles injustes? Ne les acceptons-nous pas comme une servitude utile et bienfaisante pour la communauté? Les Canaques doivent être protégés par la loi, d'accord; mais, puisqu'ils en ont les bénéfices, que, comme tous les citoyens français, ils en subissent aussi les exigences.

Cette absence des moyens de transports et communications, qui arrête l'essor des stations fondées, empêche bien plus encore la formation de nouveaux établissements.

Un grand nombre de points très fertiles sont délaissés, beaucoup de situations, éminemment propices à l'élevage du bétail, sont abandonnées, précisément parce que les énormes difficultés qu'on aurait à vaincre pour y transporter le matériel et les vivres nécessaires à l'exploitation, puis ensuite pour en expédier les produits, absorberaient les bénéfices.

Cette pénurie de routes est aussi le plus redoutable obstacle à la découverte, à l'exploitation des richesses minières de l'intérieur.

ASSIMILATION

Mais, outre l'accroissement urgent de l'élevage, le bétail, trop insuffisant encore, ne pouvant suffire à l'alimentation du pays, qui importe largement des bœufs australiens; outre le rapide développement de l'industrie et du commerce, ces créations de routes, de travaux de viabilité générale, par l'emploi des bras indigènes, auraient l'immense avantage de soustraire le simple Canaque à l'oisiveté dégradante qui le rend accessible à toutes les excitations des mécontents et des turbulents.

Ils ont toujours été jusqu'alors un instrument dangereux de la haine des chefs ambitieux, jaloux de leurs prérogatives absolutistes qui menacent de disparaître au contact de notre autorité.

Le travail couperait le mal dans sa racine et les acheminerait peu à peu vers l'assimilation.

Il ne faut pas croire que cette mesure les trouverait récalcitrants; je suis convaincu, au contraire, par des constatations faites à propos de travaux exécutés à Houaïlou, que ces corvées, payées raisonnablement, sont très populaires. Elles sont très goûtées, très enviées même par les naturels, non-seulement pour le gain qu'ils en retirent, mais aussi parce qu'à la faveur de ces travaux, sous notre direction, ils peuvent se soustraire à la surveillance et au despotisme des chefs.

Ce despotisme pèse très lourdement sur eux; dans les tribus, les tayos sont toujours obligés de subordonner leurs faits et gestes, leurs volontés, aux idées personnelles, aux caprices, à l'autorité arbitraire de leurs chefs; leur fortune, leur femme, leur vie même, n'est jamais en sûreté.

Ces travaux en commun les familiariseraient avec nos habitudes, nos idées; les mettraient au courant de nos mœurs, de nos lois, de notre activité; leur inculqueraient des sentiments de prévoyance et d'ordre. Le bénéfice qu'ils en tireraient les pousserait à l'économie, et, conséquence directe, à l'amour de la propriété, toutes institutions, toutes pensées qui leur font complétement défaut; et peu à peu ils deviendraient réellement les fils, les sujets du gouvernement républicain, tutélaire pour tous, sans distinction de castes ni de races.

BUT

Au moment de conclure, on nous rendra cette justice que nous ne nous sommes pas un instant écarté de notre but principal qui est, on le sait, *la réhabilitation des colons*. Nous pensons avoir également prouvé que la nation tout entière et son gouvernement se font un tort immense et retardent indéfiniment la solution des questions sociales qui nous troublent, en ne protégeant pas les colons comme ils devraient l'être, en ne les encourageant pas, en ne s'efforçant pas de développer, d'agrandir nos colonies.

Nous aurions dû, peut-être, examiner si l'administration coloniale, si les gouvernements coloniaux qui ont précédé la révolte des Néo-Calédoniens, n'ont pas encouru une bonne part de la responsabilité de ces terribles événements.

Mais cette question des responsabilités ne peut être abordée que lorsque l'on a le pouvoir et l'autorité nécessaires pour faire la preuve. Bien d'autres personnalités, d'ailleurs, auront à répondre de leurs agissements néfastes dans l'histoire trop sinistre déjà de la colonie ; laissons donc ce soin à l'enquête, à une enquête sérieuse, impartiale et sans parti pris. C'est ainsi seulement que la lumière peut et doit se faire.

ORGANISATION

Bornons-nous à demander pour toutes nos colonies le régime que l'on vient d'appliquer à l'Algérie : des gouverneurs civils partout, avec pleins pouvoirs sur toutes les autorités civiles et militaires, à quelques armes qu'elles appartiennent. Que les colonies soient assurées contre le régime du bon plaisir qui jusqu'alors décourage les esprits entreprenants et ruine les meilleures entreprises. Qu'une nouvelle Banque soit organisée, confiée, cette fois, à des administrateurs sérieux et honnêtes. Que la répartition des taxes soit plus équitable, égale pour tous, les charges mieux partagées; que nul, quelles que soient sa situation, son influence, ne puisse les éviter et s'y soustraire. Que les tribunaux civils soient réorganisés et complétés, le tribunal consulaire rétabli. Que la direction des affaires publiques soit enfin confiée à la population : conseils municipaux, conseil général, etc. Que la liberté ne soit plus un vain mot, et l'on verra si la nationalité française n'est pas aussi apte à coloniser que les autres nations, que les nations les plus prospères.

PRÉJUGÉS

Il existe malheureusement des croyances très fausses, des préjugés insensés sur le caractère des colons et négociants habitant les pays d'outre-mer. On croit que ce sont des aventuriers, rebuts de toutes les classes de la société. Rien n'est plus éloigné de la vérité. Ce sont pour la plupart des hommes intelligents, instruits même, vaillants, industrieux, honnêtes, désireux de parvenir à une position indépendante, comme de simples et paisibles citadins, et par-dessus tout, portant haut et ferme le drapeau national; ce sont de vrais Français, des patriotes.

CONSULS

Croirait-on que cette croyance absurde, qui a fait le plus grand tort à notre industrie, est principalement propagée par nos consuls? La plupart de ces fonctionnaires, fruits secs de tous les gouvernements passés, qui ont pour mission de protéger les intérêts commerciaux, d'étendre notre influence à l'étranger et de défendre nos nationaux, font, au contraire, tout ce qu'il faut pour nous discréditer, pour nous amoindrir, en haine de l'esprit d'indépendance et des opinions démocratiques de tous ceux qui savent vivre au grand air de la liberté, au milieu de l'immensité, sans obstacles et sans entraves.

CONCLUSION

Ah! il est temps, il est urgent de remanier notre système

consulaire, surtout d'épurer son personnel réactionnaire, protectionniste et anti-français.

L'industrie nationale n'atteindra vraiment la splendeur vers laquelle elle doit tendre sans cesse, que lorsque cette réorganisation de nos consulats sera complète, et lorsqu'à l'exemple de la Hollande, de l'Angleterre, tous les jeunes hommes, voire même les femmes, n'ayant pas dans la mère-patrie un avenir certain, sûr, ou n'étant pas absolument utiles en France, iront dans nos colonies, ou les colonies voisines, grossir la noble et méritante phalange de ces hardis pionniers de l'industrie nationale, du progrès commercial et de la civilisation universelle.

L'expédition italienne qui s'organise pour prendre possession d'un territoire dans la Nouvelle-Guinée, et dont les membres, au nombre déjà de trois mille, ont reçu le surnom glorieux d'*Argonautes*, est bonne à étudier d'abord et à imiter bientôt.

Oh ! puisse la République, sur laquelle repose de si consolantes espérances, réaliser bientôt cette transformation heureuse dans nos mœurs, dans nos habitudes, dans nos relations ! Ce sera son plus beau titre à la gratitude universelle, sa gloire immortelle !

Ainsi j'espère !

BEN-MILL.

Paris. — Imp. Nouvelle (assoc. ouv.), rue des Jeûneurs, 14. — Masquin, direct.

Paris. — Imprimerie Nouvelle (ass. ouv.), 11, rue des Jeûneurs.
G. Masquin, directeur.

www.ingramcontent.com/pod-product-compliance
Lightning Source LLC
LaVergne TN
LVHW020251230826
846091LV00006B/2356